이대전 제4시집

여백 위의 흘림체

GAP

시인의 말

사람들과 함께 산을 오른다.
가파른 암벽이 길을 막는다.
망설이지 않고 가볍게 암벽을 타고 넘어가는 사람들이 많다.
멍하니 쳐다만 보는 나는 할 수 없이 암벽을 돌아가는 먼 길을 택할 수밖에 없다.
한참을 가다 보면 암벽길을 넘어 이미 산 정상에서 내려오는 사람들을 만난다.
돌아가는 이 길, 되돌아설 수도 없어 연신 가쁜 숨을 몰아쉰다.
내 시의 길이다.

2024년 가을

저자 이대전 삼가

차례

시인의 말 • 2

제1부 큐알코드 영상시
- 문장을 쓰다

독거獨居 • 14

안경 • 16

고립 • 18

지나온 날 • 20

너의 눈빛 • 22

문장을 쓰다 • 24

눈의 전언傳言 • 26

산 같은 너 • 28

아버지, 앞서라 하신다 • 30

아내 • 32

겨울을 비켜서다 • 34

나의 노래 • 36

제2부 안쪽을 엿듣는 귀

시월 향기 • 40

말의 무게 • 41

그대, 끝없는 물음 • 42

불면의 중심 • 44

입춘방立春榜 • 45

나무가 된 부부 • 46

내 안의 어머니 • 47

살피다 • 48

피꽃 • 50

오랜 그리움 • 51

천수답 • 52

아내의 일기장 74쪽 • 54

해빙할 수 없는 이유 • 56

물의 길 • 57

탱자꽃 • 58

세월의 강 • 59

고향집에서 듣는 이야기 • 60

화해하고 싶다 • 61

소원疏遠 • 62

죗값 • 63

뛰어다니는 세상 • 64

끝 • 66

치부 • 67

비상飛翔 • 68

늦은 기억 • 69

긋다 • 70

제3부 느린 맥 끝에 잠든 詩

뻔뻔한 봄 • 72

봄이 오는 길 • 73

숨 고르기 • 74

하루살이 • 75

어둠의 음모 • 76

몽당연필 • 77

고단한 그림자 • 78

빛의 자궁子宮 • 79

태초의 거울 • 80

어둠의 동반자 • 82

하늘 소식을 기다리다 • 83

늙어가는 포구 • 84

잡히지 않는 음계 • 85

꿈의 얼룩 • 86

침묵에서 얻다 • 87

소멸과 생성의 순환 • 88

입추 • 89

그늘에서 길을 찾다 • 90

세월의 일기장 • 91

소리 없이 쌓이는 말 • 92

시간을 응축하다 • 94

저녁 식탁 • 96

붉은 여행길 • 97

유성, 한줄기 빛 • 98

경고성 문장 - 폭설 • 99

너 • 100

작품 해설

〈이대전 시인의 시집 해설〉 • 102
시인의 언어 속에 잠재되어 있는 시적 은유와 어우러지는 감동
시인 유창섭 「前 월간 모던포엠 편집주간」

큐알코드 영상시 이대전(李大田)

여백 위의 흘림체

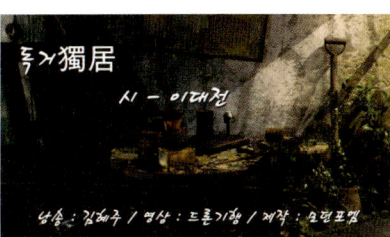

감성과 기술을 융합하여 시인과 독자가 소통하도록 제작된 디지로그포엠입니다.
큐알(QR)코드를 스마트폰으로 스캔하면 시낭송가의 낭송과 드론으로 촬영한 동영상,뉴에이지 음악을 감상하실 수 있습니다.
※ 제작문의 : 모던포엠 발행인 010-9184-5223

제1부

큐알코드 영상시
- 문장을 쓰다

독거獨居

하루가 백 년을 거머쥐고 있습니다

젓가락이 오른손을 버리고 떠납니다
손가락 사이로 비탈이 자라고
홀로 남겨진 숟가락이 자꾸만 미끄러집니다
식어빠진 구들목에 드러눕는 시간을 재며
별들이 처마 끝을 타고 내립니다

미간의 골 깊은 주름
이목구비 사이에 빈 들녘처럼 앉혀 놓습니다

드문드문
별들의 시린 눈빛을 심어둡니다

창턱에 걸린 숨이 급한 시간을 토합니다
시큼한 색깔입니다

어느 별이
자물통을 열고
얼룩진 창에 불을 켤까

방안엔 허수아비가 남루마저 벗고 앉았습니다

안경

초점이 흐려졌다
거리를 조절해도 착지점을 찾지 못한다
생애의 한 지점, 처절한 배반이다

기대는 핑계일 뿐이라고
시야에 가득 찼다가도
소리 없이 빠져나가는 환각성의 문자들
구겨진 여백에 홀로 앉은 흘림체다

유난히 또렷한 마음
마가목 가을 열매처럼 붉다
아쉬움은 여전하지만
언제 어디쯤에서 마주하게 될 해후邂逅는
결이 다른 모습으로 다가오겠지

이제 나를 찾는데도 돋보기가 필요한 시간
초점은 불안한 기다림에 맞춰져 있다

고립

시의 중심에 고립된 한 줄의 연聯, 넉넉한 포용이다

밤새 눈 내려 시커먼 세상, 하얗게 변하는 날도 좋고
후텁지근한 여름밤 땀 냄새로 얼룩진 바람도 반갑다
우수수 지는 낙엽, 가을걷이 끝난 들녘
심통 난 바람의 시기猜忌도 희망이 된다

나의 계절은 이렇듯 한 줄로 지나간다

우수 지나 연둣빛 가슴 눈 뜨는 새잎의 연정
그 순수가 좋고, 기적소리 수시로 깔리는
긴 철로를 걷는 청춘의 낭만과
풀섶을 기어 나와 방긋 웃는 풀꽃의 향기가 달콤해 좋다

낡은 무쇠솥 긁는 소리 같은 아내의 말 한마디에
움츠려 드는 가슴의 떨림도 좋고
무선의 울림으로 전해 오는 친구의 오랜 병상, 퇴원 소식도 반갑다

유독 유년의 아픔을 안겨다 준 그 소녀
아련한 생각에 잠을 설친 이른 새벽

떨어지는 이슬의 청량한 소리를 듣는 것도 즐거움이다

무료의 시간을 재고 앉아 한 연의 문장을 읽다 보면
컴퓨터 메모장, 그 빽빽한 기억들을 풀고 다시 들여다보는 고립
고립은 그리움의 영역이자 시의 원군援軍이다

지나온 날

 무쇠를 녹여내듯 담금질한 세월의 이력은 쉽게 모방할 수 없는 낙관이다

 세월을 달구는 방은 두 개의 문이 있다
 가슴이 달아오를 때 열어 두는 오른쪽 문으로 시원스러운 바람이 드나들고
 하얀 정강이에 시뻘건 상처를 남겨 놓고도
 어느 누구의 눈치도 아랑곳하지 않는 인정 없는 바람이 왼쪽 문으로 들락거렸다

 하루의 시작은 오른쪽 문에서 시작하지만
 오후가 지나갈수록 균형은 언제나 왼쪽 문으로 기울었다

 한겨울 이파리 다 떨어뜨리고 추위도 춥다고 말하지 않는 나뭇가지처럼
 내일을 가늠하는 생각의 흔들림은 평형을 잡지 못한다

 사는 것이 다 그러려니 했지만
 늘 열려 있는 오른쪽 문은 기대의 통로이고
 왼쪽 문은 미혹의 바람을 붙잡고 있는 뒤늦은 집착이

었다

    저물녘
    문 두 짝을 동시에 열어 본다
    문설주의 가쁜 숨소리는 서로 다르다
    당신은 오른쪽, 나는 왼쪽 문에 매달려 있다

너의 눈빛

매서운 추위다
성가신 기억의 뒤편
지난 시간의 그늘에 하얗게 서리 내린다
창에 드리운 희미한 밤빛
영인본影印本 같은 혼곤이 전신에 스민다
너를 놓아버린 자책에 가슴 치지만
기만의 늪 속에서 다시 환하고 발랄해지는 고통들

누구에게도 말하지 못한 집착의 허물을 벗으려
멀찌감치 던져 놓은 너의 눈빛을 등지고 탄탄대로에 섰으나
갯벌을 걷는 것처럼 힘 빠진 다리, 허우적거리면서도 마냥 네게로 가고 싶은

그땐 너와 나, 아니 우리는
울창한 그리움의 숲을 지나 너른 들로 나갔었지
매일 페이지를 늘려갔던 추억, 번지는 먹물 가까스로 멈췄는데
왜 말갛게 다시 살아나 이 추운 아침을 데우고 있는가
입김 호호 불어 얼어붙은 유리창 성에를 녹이자 막혔던 길 열렸는가

언 강이 풀리고 윤슬이 물결을 거슬러 오르듯
가까워 오는 네 눈빛이 인사를 건네는 아침
서늘한 바람이 분다

문장을 쓰다

하나의 문장을 둘로 쪼갠다
틈새에서 붉은 피가 묻어난다

형광등이 계속 깜박이다 잠깐 조는 사이
베란다의 꽃이 눈을 부릅뜨고 말라 가는 가슴을 열어젖힌다
현관문 여는 다급한 소리에 화들짝 놀라는 갈등의 이중구조
금 간 불빛에 베란다의 꽃이 가슴을 풀어헤치고
누군가 문을 두드리고
꽃이 목을 늘여 밖을 내다보는 한참 깊은 밤

마음속 비쩍 마른 나뭇가지가 캄캄한 창밖 골목길로 팔을 뻗는다
어두운 마음 골목은 밝을까
오래된 관념의 나무들이 빽빽해서 방향을 가늠하지 못하는 문장은 늘 길을 헤맨다

콘센트와 스위치를 교체한다
형광등이 단번에 환하게 눈을 뜬다
붉은 피가 두 문장을 하나로 이어 붙인다

눈의 전언傳言

눈이 내린다
본향이 어딘지는 모르지만
환희를 문신으로 아로새긴 가냘픈 몸매, 나비처럼 날고
하얀 춤사위 뒤로 깨알 같은 언어들을 숨기고 있다

어둠이 찾아오면 더욱 세차게 쏟아지는 말
독경讀經을 듣듯 긴장된 시간의 흐름은 느리다
사선에 떨어져 경계의 밖으로 밀려나도 우주를 채우고도 남을 말들이 내 몽롱한 꿈속으로 들어와 죽비로 후려친다

번민하는 욕망처럼 무수히 박혀 있는 의심과 탐욕의 낱말
영혼의 순수는 오염된 감정으로 휘날리는데 하얀 속살에 얼굴을 묻은 바람은 어디로 가는 걸까

냉기가 그림자처럼 남아 일렁이는 고즈넉한 계절
그 중심에 켜켜이 쌓인 말들
변절 따윈 용납하지 않겠다는 탱자 가시 같은 고집의 색깔이 하얗게 쌓인다

산 아래의 절집, 희뿌연 운무가 하늘로 오르지 못하고 기슭으로 내려앉을 때
절대적 순수도 동백 꽃물 든 바람에 오역誤譯될 수 있다는 눈雪의 전언傳言을 마침내 깨닫는다

산 같은 너

 분초를 다투는 생사의 순간
 세상은 늘 이런 시간들로 이어지고 있다
 흘리는 눈물은 각박한 시간을 뚫는 기폭제가 되고
 뒷산을 올라 아득히 흐르는 강의 소리를 듣는 너
 세상의 온갖 의문부호를 매단 아우성들, 키 작은 푸나무들의 기원도 함께 듣는가
 도피처가 되는 산, 창세기 적 고요를 간직한 채 무념무상의 시간을 축적한다

 굳게 입 다물고, 유혹하는 봄의 달뜬 기운도
 한여름 땀을 식히는 시원한 다짐도
 늦가을 넉넉한 포만도
 훌훌 털어내는 겨울의 청빈도
 몸과 마음의 매무새를 다듬는 빗질임을 알아
 침묵으로 처신을 가다듬어 생의 이력을 차곡차곡 쌓고 있는 산

 오늘, 저 산이 운다

 이런 날은 네가 더욱 저릿하다

아버지, 앞서라 하신다

흐릿한 아버지 영정
아직도 설익은 나를 지켜본다

우시장에서 장국밥 한 그릇 내 앞으로 밀어주시고 탁주 한 사발로 하루의 허기를 때우신 아버지, 해 그림자 등지고 시오리 하굣길을 함께 걸으며 삐져나온 들찔레 가시덤불 헤집고 앞서시던 눈빛 선(善)하다

'어디 아픈 데는 없니?
엊저녁 꿈에 네가 사립문에 기대어 섰더라'

대처에 나와 있던 나에게 삐뚤빼뚤 써 보낸 아버지 생애 첫 편지
투명하고 여린 매미 날개, 그 우화의 목소리로 지금도 말을 걸어온다
지천명 갓 넘기고 죽음의 깃을 펼쳐 시간을 추월해 불새가 되신 아버지
계산할 수 없는 무서운 속도로 질주해야만 했을까
푸지던 눈웃음, 그땐 몰랐다
이제야 알게 되는 그 아득한 날들의 골 깊은 주름들

아버지, 이젠 나더러 앞서라 하신다

아내

 아파트 관리사무소에서 들려오는 확성기 소리
  오늘은 미세먼지 수치가 200 마이크로그램을 넘는다는 기상청 예보
 비 내린다 하니 우산을 챙기라는

 한쪽 손엔 가방을 다른 손엔 우산을 들고
 버스정류장으로 바삐 간다
 춥다 꽃샘추위에 옷차림이 얇다

 오후엔 황사비가 쏟아진다고
 대문을 지켜 서서 기어코 우산을 들려준 아내
 예민성 피부가 염려가 되어
 방 한구석엔 홀로 걱정을 저장하는 서랍이 있다

 아파트 3초소 경비원 아저씨
 누렇게 색이 바랜 유니폼이 황사비에 젖을까
  재활용을 정리하는 수척한 얼굴에 바쁜 표정이 역력하다
 후문을 나서다가 마른하늘을 보고 되돌아와
 "아저씨 부탁이 있는데요
 이 우산 좀 맡아 주세요 퇴근길에 찾아 갈게요"

비가 온다는데, 한참 나를 빤히 올려다본다

오후가 훌쩍 지난 거리
수많은 우산들이 빗방울을 튕기며 밀려가고...
창밖 비 내리는 하늘을 보며 저으기 안도하고 있을 아내의 얼굴이 오버랩된다

겨울을 비켜서다

한 줌 햇살에 따라나서기를 반복한다
짧은 그림자를 밟고 서서
하늘 한 번 쳐다본 사이 꼬리가 길어진 그림자는 저만치 비켜서 있다

빙판길을 피하려 양지바른 길을 돌아가다
길목을 지키고 선 겨울의 얼굴과 마주한다
무릎조차 제대로 펴지 못한 채 눈꺼풀이 얼어붙던 날
때맞춰 기척 없이 쌓이는 눈, 마음은 방향을 바꿔놓는다

해빙을 기다리는 연못
마른 연蓮 줄기 곁에 똬리를 트는 햇살의 빗금이 찍어놓은 낯선 부호들
다음 계절을 기다리는 차가운 정표情表, 그 언저리마다 마음을 붙여놓는다

너와 나, 빙판에 나뒹굴어 한 몸이 된 것 또한 필시 연분이려니
허공을 후벼대는 설한풍 녹일 꽃가마 울러 멘 화사한 봄소리에 귀 열어 놓은 채

우리는 겨울에서 비켜서자

나의 노래

 정해진 건 아니지만 필연인 그날을 위해 두 손을 모으면 각질 벗겨지듯 기대는 구름 사이로 비추는 한 줌 햇살에도 얼굴이 붉어진다

 짐작하지 못한 일들은 도처에 있다
 고고성을 터트린 생의 요람에서부터
 삶에 지쳐 어깨 죽지 어긋난 오늘에 이르도록
 씁쌀하거나 달짝지근했던 삶이 건조해지기 시작하는 길에 동행하는 그림자
 지난 세월의 흔적들을 지워버리면 어쩌나 부질없는 염려가 길을 막아선다

 하루 지나고 또 지나면 더 가까워오는 먼 길
 그림자는 모양을 바꾸고 무게는 가벼워져 걷기에 수월한 것도 축복일까
 허물어지는 서녘 하늘이 두렵지만 비애는 어둠 속에서 희석되어 사라진다

 저만치 키 큰 나무 그림자, 달빛을 가르며 성큼 다가선다

그림자는 영원히 푸를 것이라 생각했던 적이 있다
 언제나 내 곁에 있어서 갈증을 느끼지 않을 것이라며 곧잘 중얼거리곤 했다
 누굴 탓할 일 아니지만 자꾸만 외로움의 까만 길이 가까이 놓인다
 상실이다

 바람에 밀려든 그림자를 따라 별과 달, 해 그림자까지 끌려오며 춤을 추는 사이로 기억을 더듬는 발걸음이 직선으로 가로지던 들녘 , 부정확한 음계 사이에서 나비처럼 팔랑이던 황혼, 잊었던 기억으로 오선지 위에 내려앉고 한 옥타브 더 높이지 못하는 나의 노래는 멈췄다
 유년의 시간을 휘젓던 하얀 기억, 몇 겹의 꽃무덤 그늘 속에 흩어진다.

제 2부

안쪽을 엿듣는 귀

시월 향기

마른나무 이파리에서 축축한 눈물의 향이 난다
가벼워지는 몸을 추스르는 숲, 가랑잎을 깔고 앉아 지난봄을 더듬는 기억은 천연덕스럽다

한여름, 푸름에 취한 하늘은
별들의 애절한 눈빛을 미처 헤아리지 못했나 보다
밤새 뿌린 눈물은 성근 향기가 되어 가을빛을 흔들고 있다

향기의 근원은 내 눈물이었고
떠도는 바람은 네가 흘린 눈물의 여운餘韻이었다
생의 주기, 허기가 차오를 때마다 흘린 눈물의 향기, 외롭다

외로움에 대한 기억은 영원하다는 것
무릎 다시 세우고 일어나
시월 숲 속, 깊숙이 들어선다

말의 무게

 엉뚱한 말로 마음을 흔들어놓고 가는 너

 세찬 바람이 등을 떠민다
 너는 방풍림이 되고 싶다 말하고 뜬금없이 내게 밤의 냉기를 막아주는 따스한 바람이 되어달라고 한다
 우리가 긴밀해지기를 바라는 마음이지만
 너는 우리가 나눈 말의 무게를 가늠하기 바빠 마음의 추를 들었다 내리기를 반복한다

 방풍림 사이, 따스한 바람만 통과할 울타리를 세운다
 생각의 탐색전은 언제까지 계속될 것인가
 곧장 앞으로만 내달리는 네게 방풍림은 올무가 되고
 내가 세운 울타리가 너에게 무엇이 될까
 서로의 관심을 저울 위에 올려놓고 가늠하면 너는 무게에만 집착하고
 내심 저울이 내게로 기울기를 바라는 나는
 등 돌린 너의 안쪽을 엿듣는 귀가 돋는다

그대, 끝없는 물음

 허리띠를 풀지 못하나요
 덧난 상처들을 훈장처럼 드러내고
 새벽길 걸으며 푸나무들의 기지개에서 어떤 암시를 읽었는지요

 서서히 식어가는 체온
 찬바람에 허기는 더해 가는데
 밤낮의 명암을 허무는 일상을 추스르지 못해
 나무들이 폭설에 부러진 조붓한 산길을 걸어보긴 했나요
 햇살을 비껴가는 산그늘을 품고
 이른 비와 늦은 비를 기다리는 숲길에서
 마른하늘에 번개라도 만나 보았나요
 마침표 없는 생의 외길은 끝이 없는데 생각은
 허덕이기 일쑤였지요

 지금은 어디쯤에 서 계신가요
 그대 혈관을 타고 부풀어 오르던 통증은, 오늘
 결 고운 빛의 소리로 바뀌었겠지요

 물음은 끝없는데

대답을 들을 수 없는
어처구니없는 세상, 봄이 왔는데
봄 같지 않은 행간에 갇혀 더운 숨만 내뱉고 있답니다

불면의 중심

연유를 알지 못한다
어둠을 짊어지고 길을 나서도
몽유병을 앓듯 계속되는 환상
풀리지 않는 암호가 똬리를 틀고 앉아
착란 속으로 떠미는 밤
예민해지는 감각은 오히려 어지러울 뿐이다

불면의 중심은 단지 흰색
두 손으로 그러모아보지만
밀려드는 어둠의 색채를 벗어날 길이 없다
어떤 상상도 용납하지 않는 혼돈 속
생각의 매듭을 만지작거리며 지난 기억으로 빠져 든다

길은 생각의 중심, 기원을 넘어간 매듭은 풀릴 기미가 없다
마음 접으려 할 때마다 어슴푸레 눈 뜨는 새벽
나의 잠은 자꾸만 뒷걸음질 친다

입춘방 立春榜

숭숭 구멍 뚫린 배경
찬바람이 펼쳐놓은 그물에 얽혔다
비 새는 지붕에선 새들이 이끼를 쪼고
마룻바닥은 눅눅했다
겉옷 걸치지 못한 날,
재채기는 마른 목구멍에 걸리고
긴 한숨으로 연탄불을 지피고 있는 너는
끝 모르는 기다림을 삭힌다
세월은 한참 늙었는데
잎맥 앙상한 낙엽 하나 주워 들고
그물에서 빠져나가는 햇살을 들여다보면
지나간 시간이 용수철처럼 튀어 오른다

눈물로 쓴 입춘방
녹슨 네 집 대문에 붙여두고
한참을 서있다 왔다
거실은 커튼이 닫혀 있었고 너는 모른다

입춘방,
겨울을 앓는 세상의 문 밖을 향해
일 년 내내 붙어 있을 희망의 기도문이다

나무가 된 부부

신 새벽 나무 밑에 서면
밤새 머금은 이슬로 축축하다
초저녁 개밥바라기별의 기다림을 끌어당겨
투명한 이슬을 떨구는 나뭇잎
내가 휘황한 도심의 거리를 휘젓고 다닐 때
대문을 반쯤 열어놓는 아내는
지친 잠에 빠진 내 곁에 쪼그리고 앉아
하얀 뼈 같은 외로움을 견디었으리라
이른 새벽 물 한 사발 들이키고 힐끗 쳐다본
아내의 촉촉한 두 눈에
숱한 세월 견디어 온 기다림이 잎을 피운다
그 세월 서로 기대어 살아온 우리 집 작은 정원
어둠을 걷어내는 여명
이파리 무성한 나무는 아침 햇살에 더 푸르다

내 안의 어머니

시작과 끝을 찾지 못해
쉬 잠들지 못하는 밤
별똥별 하나가 가슴에 안긴다
머리는 차게 발은 따습게
어머니 생전에 하시던 말씀을 꼬리에 달고

북으로 머리를 두고
다리는 남으로 뻗어 잠을 청한다
머리는 맑아지고 번잡한 생각들은
온기가 도는 발 쪽으로 모인다
밤바람이 핥고 가는 돌담
덩굴장미가 뒤척거리는 사이에 잠이 들었던가

하늘에 닿은 야곱의 사닥다리
걸칠 데를 찾아 헤매는 꿈속에
어머니는 사다리를 세우고
하늘을 향하여 성큼성큼 오르신다

살피다

엊그제까지만 해도 푸르더니
금세 누렇게 바뀐 보리밭을 지난다

젊음은 한순간이라 할 수밖에 없지
네가 내 안부를 묻는 걸 보면
네 가슴에 숨겼던 자유는 한순간 생의 일탈이었다

푸른 한 철을 쉽게 보내는 분방한 마음으로
너와 내가 얽혀 살 수밖에 없다는 건 이미 네가 알고 있었잖은가

미루나무 푸른 이파리가 부러운 눈빛으로
지난 나의 젊은 시간으로 되짚어가고 싶은 건 과욕일까

속엣말 감추고 시든 푸념만 뱉는 너와 나의 세상
나는 너의 푸념에 익숙하고
너는 나의 변명에 몸 사리는데
소문의 진위를 찾아 발원을 거슬러 오르다 보면
눈빛과는 달리 풀 죽은 기백이 지그시 혀를 깨무는 늦은 오후의 표정이 서글프다

아무도 몰랐으면 했는데
나는 너를 바라 보고
너는 나를 촘촘히 읽고 있다

피꽃

네 마음을 알았던 건
마음속 어두운 그늘이 물러날 줄 모르던 날들
병마와 씨름하던 내 젊음의 날, 그때였다

고봉의 쌀밥 한 그릇, 열무김치 한 사발

뉘 볼세라 삼베 보자기에 싸서 내 앞에 차려 놓던 너
울컥 토한 선혈, 점점이 박힌 내 앞섶을 닦으며
피꽃이라 했다

  오늘은 그 슬픈 기억이 봄 햇살을 물고 왔다. 바다를 건너고 생사의 언덕을 넘어 뒤 따라와 여린 웃음을 짓는데 모진 세월을 삭여 뿌리내린 느티나무처럼 비록 부르튼 몸이지만 푸른 그늘은 여전히 짙다
  석양은 가까울수록 빛이 곱다고 자주 말하던 네게 하늘을 향하여 뒤늦은 용서라도 구하면 산들바람으로 와 차려 놓는 네 마음의 밥상, 차마 다가앉지 못한다

피처럼 빨갛게 꽃물 든 강, 너만 훌쩍 건넌 강
저어새 한 쌍을 바라보는 나
얼마를 더 살아야 헛헛한 이 마음 채워질까

오랜 그리움

진즉 전갈이라도 할 걸 그랬어요
드센 풍랑에 여객선이 못 뜰 때가 있었지만
바람 잔잔한 날 자주 있었거든요
시작은 있었지만 끝이 없는 굴렁쇠 같이
그대 마음에 마냥 구르고 있나요

긴 장마에 무성하게 자란 푸나무처럼
나는 깃털이 촘촘해졌어요
짐이 되어 날아가진 못하고 마음만 훨훨 날아
산마을 섶다리 건너갔다 되돌아오곤 합니다
내일 또 내일, 마냥 기다릴 수 없어 이젠
대문 덜컹거려도 귀를 닫아야 할까 봐요
산을 넘어 너른 들 지나 아득한 바다
그대와 나 사이 안개 자욱한 날
주워 든 나뭇잎, 잎맥만 앙상하네요

천수답

 뿌리 걷지 못한 어린 벼,
 시뻘건 몸을 비비 꼬지만 비 소식 멀다

 하늘과 맞닿은 천수답
 논둑엔 이따금 작은 새들이 날아들어 마른 풀뿌리를 쪼다 간다

 여명이 움트는 하루를 살피며
 땀띠 덧난 목 길게 늘여 하늘을 올려다보는 어머니
 타는 가슴속엔 언제나 나를 품고 있었다

 눈가에 잡힌 주름
 외마디 신음소리는 하늘을 흔들었고
 날마다 바뀌어 뜨는 빛 다른 구름을 보며 마음을 추슬렀다

 깊게 파인 내 생의 발자국에 고인 빗물 쉽게 마르고
 산기슭 짙은 그늘조차 흐릿한 지 오래
 후회와 자책이 가시넝쿨처럼 얽혀 있다

 엊저녁 잠결에 들려오던 어머니의 다급한 목소리

나를 찾아오시다가 길을 잃으셨나 보다

아침노을이 번지는 창가
어슴푸레 떠오르는 얼굴
이 기억 사라지기 전 다시 길을 낼 수 있을까

언제나 하늘바라기 하는 나는
모정의 비를 기다리는 천수답

아내의 일기장 74쪽

 아내의 가슴에는 샘 하나 있다
 짜디짠 샘물이 쉼 없이 솟는다

 후후 불며 들어마시는 라면 국물에
 두 아들의 명운이 걸렸던 날들
 짜디짠 눈물이 누렇게 바랜 벽을 타고 흘러내리는 신음은 간절했다
 사는 곳이 하늘인지 땅인지 아니면 바다인지 손바닥 지도로는 분간할 수 없었다

 아이들의 칭얼거림에
 가슴은 검푸른 멍이 들고
 간 절은 낯빛의 아내는 단칸방 외쪽 마루
 뉘 볼세라 쪽대문을 닫았다

 밤마다 꿈속에서 헤매는 낯선 길에는
 도심의 휘황한 불빛이 깔리고
 어지럼증에 시달리는 날이면
 한 돈 짜리 가락지를 만지작거렸다
 가늘어지는 손가락에 그마저 잃을까 서랍에 자물쇠를 채웠다

그 아픈 추억의 껍질, 세월에 부대껴
얇아지던 어느 날부터 아내의 일기장,
장성한 두 아들의 자상한 안부로 채워지고 있다

해빙할 수 없는 이유

그다지 깊지 않아서인지
며칠 추위에 꽁꽁 얼었다

결빙의 고비마다 망설이던 연못

햇살에 목을 매고 살다
햇살에 묻혀오던 소식도 막히고
기척이라도 보내주기를 기다리다
삶이 피곤한 입은 지친 입을 다물었다

빗장을 건 대문 밖으로
사람들의 드문 왕래를 보며
인내의 한계를 허물고 싶을 때
빙판의 숨소리는 늘 가쁘다

이름값 하는 것이 예의라는 훈계에도
마음 깊은 속 낱낱이 보일 수 없는 한恨
제 맘대로 해빙할 수 없는 이유, 변명이다

물의 길

물그림자를 밟고 서서
자갈을 훑고 가는 물길을 들여다본다

물살에 몸을 깎는 자갈의 곡진한 울음
먼 먼 세월의 음률이 되어 흘러갈수록 아득한 역사가 된다

마음만 앞서 절뚝거렸던 세월
방향과 목적의 선先과 후後, 삶의 밑줄과는 무관했다

최단거리로 방향을 잡으면 수월하리라 생각했던 길
물이 가는 길보다 빠르지도 않았다

생각은 끝이 없어 다시 들춰보는 세월의 긴 그림자
지금도 물길을 찾아 흐른다

탱자꽃

기댈 데라곤 없어 가시로 무장한 태생
안타까움 앞세우고 한여름 가뭄에도
이웃 논에 물길을 돌려주던 아버지의 눈빛 같은 꽃

돌담 허물고 넘나드는 뭇 짐승들
입술 앙다물고 탱자 묘목을 심으셨던 내 아버지

상대적 박탈감에 땀 젖은 몸을 말리며
세상에 어울려 살려면
그저 말없이 있는 듯 없는 듯
사는 것이 제격이라고
장대 같은 비가 연사흘 쏟아지더니
산은 말갛게 살아나고
삶의 모서리마다 달린 꽃이 저리도 예쁠까
향기는 짙어지고
죽은 이와 산 자 사이
약속이나 한 듯 오래도록 피고 지는 꽃
이 절대적 삶과 죽음의 한 길
눈빛 선한 아버지
탱자꽃으로 생시 같이 오신다

세월의 강

문경새재 조령 3 관문
낙동강 발원지 세 곳 중의 하나
말갛게 흐르던 여울
은밀한 속뜻 감춘 유장한 흐름이 도도하다
생명의 원력原力은 수많은 실개천과 몸을 섞어
이념의 올무를 끊어내며 사자후를 토한다
두 번 다시 좌절은 없다는 생각
긴장과 안도가 혼재한 채 흘러가는
지난한 세월의 혼魂이 수시로 요동친다

세월의 강, 기수지의 바다는 저만치 먼데
나의 생은 달과 별을 담을 수 없는 겨울 강
되돌아갈 자리는 없고
시간의 비늘을 더듬는 기억은 지울 수 없어
남은 생애, 반목의 그물에 포획되지 않기를 바랄 뿐이다

고향집에서 듣는 이야기

쓰러져 가는 고향집 안타깝게 보인다
허물지 말아라
시나브로 멀어져 가는 기억도 믿지 말고
그냥 그대로 두어라

별과 달이 처마 끝에 내리고
첫새벽 북두칠성 쳐다보며 논물 보러 가던 아버지
서운해하신다

어느 자식이
추녀 끝에 걸렸던 그 많던 소망을 알 수 있으랴
지나온 세월의 속살 아직은 여문데
아버지 이름 석자 새겨 두어야지
주초는 왜 허문단 말이냐

간간이 찾아오셔서
처자식들 두 손 맞잡고 쉬어 갈 집인데
뒤 논둑에 피던 백합, 늘 피던 대로
생전에 가지셨던 소망도 그냥 두면 될 일이다

화해하고 싶다

너를 생각하면 왜 지난날의 아픔이 떠오르는지
나를 쳐다보던 너의 표정을 기억한다
오해의 어둠 속에 버려둔 진실 탓일까

노쇠한 몸이 정신을 혼미하게 흔드는
차가운 마음들은 이불로 덮어 줄게
뒤척이는 잠결에 네 이름을 불러 마음을 어루만져 줄게

아픔이 언제나 간극을 비집고 나와
일상의 궤를 허물고 마는 버릇 때문에
나는 늘 길을 잃는다

그늘진 가슴에 움츠린 환상이
무시로 튀어나와 나무 연한 가지들을 올라타고
가지를 마구 부러뜨리기 때문 아니겠니

습관이 무섭다는 건 잘 알겠지만
이젠 어둠 속에서 빠져나와 의연한 아침을 기다리자
자유로워지는 화해의 아침을

소원疏遠

그가 내게 전화를 주었을 때
늦은 오후의 그늘이 움찔거렸다
메타세쿼이아 붉은 그늘을 안고 서서
그는 우화등선의 꿈길을 헤매고 있는지
전화를 걸었지만 신호음만 길었다
길가 풀밭에 주저앉았는데 소년들의 자전거가
흙바람을 일으키며 지나가고
문득 시선에 어릴 적 팽나무 붉은 그늘이 내렸다
우리의 유년이 뒤따라 달려갔다
먼지를 탈탈 털고 왔던 길을 되돌아가려는데
벨이 울렸다
그였지만 전화를 받지 않았다
오랫동안 소식도 전하지 못했던 탓에
갑자기 할 말이 생각나지 않아
그냥 지나치기로 하였다
물끄러미 쳐다본 저녁 하늘에
나와 그가 등을 지고 석양을 넘는 모습이 또렷이 보여
자꾸만 뒤돌아 보았다

죗값

자책은 계속된다

가슴을 움츠리고
갈급한 길은 여전히 어둡다

사람들의 시선이 모인다
항변하고 싶은 마음이 뒤뚱거린다
생각의 실핏줄이 터진다

이제까지 나는 옳게 살아왔을까
내 안에 자리잡기 시작한 병마는 그 해답일지도 몰라
뻘겋게 번져가는 후회
자초한 죗값을 치르는 중이다

모이던 시선이 불빛처럼 줄을 선다
출구가 밝아진다
움츠린 가슴에 빨랫줄을 걸고
핏물 흥건한 죗값을 내다 건다
자주 부는 바람에 또 자주 내리는 비에
밀렸다가 다시 젖기를 반복하는 자책은 푸념이 된다

뛰어다니는 세상

희뿌연 황사, 시계視界를 가린 날
예닐곱 살 사내아이, 키보다 큰 가방을 메고 뛰어간다

애야, 어딜 그리 바삐 가니? 학원가요 아니 학교는 갔다 왔고? 그럼요 결석하면 엄마랑 선생님한테 야단맞거든요
짐짓 귀찮은 듯 뒤뚱거리며 뛰어간다
학원버스가 후문에 오거던요 늦으면 기사 아저씨가 혼내다니까요
뒤돌아보는 억양이 까칠하다 짐짝처럼 무거운 가방, 귀퉁이에 목을 맨 하얀 강아지 인형이 몸부림을 친다

가엾다는 생각이 들기도 하고
부모 잘 만난 듯 싶기도 하고
앙탈 부리지 않고 학교도 학원도 잘 다니는 걸 보면 착하다 싶다

경쟁의 시대
뛰어가는 저 아이
부모도
선생도
버스기사도

너도 나도 밤낮없이 뛰고 있다
세상은 온통 뛰어다니는 소리로 시끄럽다
그 사이,
세상 어느 한쪽이 무너지고 있다

끝

힘 빠진 팔다리에 문신이라도 한다면
희망이란 주삿바늘을 혈관에 꽂으면 삶의 의지가 되살아날까

모호한 및춤법처럼 흐트러진 마음
삶과 죽음의 경계에서
무질서한 생각이 날마다 바뀌고 진동의 폭은 증가한다

저만치 아니 아득히 먼
시간의 끝을 향하여 바삐 가는 마음인데
모나미 볼펜이 손가락을 밀어내고
원고지에 무수한 점을 찍는다
손가락은 점들을 연결하여 기괴한 그림을 그린다

한때 사랑했던 생의 찬미는 목쉰 울음이 되고
모서리가 닳은 가슴팍에 똬리를 틀고 진동하는 파열음
그림은 흐느적거린다
씨줄 날줄 엉킨 일상
먼 눈길 붙잡을 수 없어 목을 길게 늘인다

치부

 흐린 날의 가슴은 하얗고 맑은 날엔 먹빛이었다
 왜 이렇게 변덕스럽게 억지를 부리는지
 무한의 공간이 불평으로 채워지고 그곳엔 자꾸만 작아지는 가슴이 있다
 두 팔을 쳐들고 허공을 휘젓는 욕망, 끝없이 거칠어지고
 하늘은 자꾸만 뒷걸음으로 물러난다

 공간의 의미를 진솔하게 알고 있는 저 아래
 휘어지고
 경사지고
 상처 자국 덧나도
 부러울 것 없고
 두려울 것도 없는 듯
 밤낮의 경계를 의식하지 않는다

 꾸밈없이 드러내는 일은 부끄러움이 아니다
 폭우에 사태 난 비탈을 타고 내려오는 산의 치부
 그 잔해를 쓸어안고 제 살 깎으며
 힘주어 밀어가는 골짜기의 급류
 산의 얼룩을 씻어 가는 생의 여로는
 아플수록 깊고 느긋하다

긋다

순식간에 사라지는 유성
여운이 길다
세상 구석구석 그을 수 있는 여백은 많으나
획 하나를 긋기란 쉽지 않다

긋는다는 것
존재의 의미를 넘어 선 존재 이상의 문제다
후미진 골목 돌담장을 한사코 기어오르는 담쟁이넝쿨이나
벽에 기대어 키를 키우는 장미덩굴이 붉은 꽃 피우는 일이나
붉은 머리띠를 두르고 광장을 메운 투쟁의 아우성도
그들의 세계 속에 획 하나 그으려는 것 아닐까
끝과 끝이 필연으로 부딪히는 날
획 속의 사람들은 안녕할 수 있을까

긴 꼬리를 문 별똥별
생의 정점, 그 획을 긋는 것은 우연이 아니다
고난을 지고 가는 십자가의 길, 때를 기다린 후의 일이다

제3부

느린 맥 끝에 잠든 詩

뻔뻔한 봄

뻔뻔하다
아무 일도 없다는 듯,
태연하게
자박자박 걸어오는 걸 보면

눈보라 휘몰아치고 해지기가 무섭게
시퍼런 어둠 속에 갇혀야 했던 날들
배고픔을 위해 겉옷마저 저당 잡힌 가난한 절규
소리도 얼어붙는 이 고비를 넘기자고
이를 악물었던 그날의 눈물

모질게도 참았던 시절
속살을 헤집어 보면 냉대와 적막 같은
외로움과 또 질긴 가난이 문양으로 박혀있는데

짐짓, 시침 뚝 떼고, 으스대며
우리 앞에 오는 너, 출생의 비밀은 어디다 감췄는가

나는, 그저
봄을 노래할 수밖에 없다

봄이 오는 길

산을 오른다
휘날리는 눈발에 어지러운 갈참나무
몰아치는 찬바람에 깊은숨을 들여 쉰다
아픔을 삭이며 더 이상
상처를 입는 일은 없어야지

도무지 분간할 수 없는 방향을 살피며
산새의 소리에 귀를 세우면
생각의 정수리가 뜨끈하다
긴장한 채 사철 한 줌 햇살도 찾아오지 않는
골짜기에 드리운 산의 무거운 한숨을 끌어안는다
마침내 심장으로 돌아오는 정맥의 혈류가
점점 따뜻해 오는 시간으로부터
나무는 바람의 방향을 감지한다
산새 소리를 따라가는 길, 봄은 거기에 있을까

숨 고르기

바람은 늘 속도에 민감하다
목숨을 부지하기 위함이다
그림자가 들녘의 원근을 자질함으로
그의 수명을 계산한다

봄은 겨울까지 한참 멀고
겨울이 봄으로 가기는 단 걸음인데
철 따라 달라지는 그늘의 품에 안기는 마음은
자주 숨 고르기를 한다

굽어 돌 순 있어도 휘어질 수는 없고
무한의 가능성에 민망한 감정을 덧씌우는
부끄러움으로 주저하는 늦은 오후

나뭇가지에 걸어놓은 겉옷 자락이
불편한 진실 같아 신경이 곤두서는 시간
허리춤을 풀었다가 조였다가 분주하다

오늘 하루가 가면
내일 아침은 올 것인가
여망은 바람만큼이나 초조하다

하루살이

마지막 목숨을 던지는 일, 한여름 열기에도 춥다
갓 태어났나 했는데 벌써 소문은 꼬리를 물고, 기어코 눈물 흘리는 문상객들을 보았다

아직 나는 슬퍼할 수 없는데
세상 모든 무거움이 가볍게만 여겨지는데
죽음의 한계를 지우는 저 마지막 의식은 왜 내게 숙명이라 말하는가

저마다 다른 이해가 문상객들 틈에 섞여 있다
식어 가는 슬픔의 여운이 막바지에 이르면 세상은 비로소 희망을 보고 절망의 그림자를 여지없이 놓아버릴 테지
슬픔은 껍질조차 흐물거리고 무심한 눈빛에서 단 하루를 버티다 가는 운명은 갈지之자 같은 세상에 늘 있어 왔다

너는 지금 어디를 향해 가는가
어느 먼 오지의 습지에서 눈물을 쏟을 것인가
단지 생의 끝에서 스스로 투신하는 아이러니를 마지막 의식의 제전으로 착각하진 말자
합장合葬을 준비하는 저들과 동행하는 가로등, 여전히 밝다

어둠의 음모

고양이 걸음처럼
어둠이 스며든다
배후에 켜켜이 쌓여 있는
나이테가 성장을 멈췄다

늙은 주름에 덮인 눈동자에
비문증으로 들어와
휘젓고 다니는 야차夜叉,
영혼과 한패가 되었다

시간의 뼈를 갉는 죄의 고백
어둠 속에 몸을 숨기고
속 빈 강정이 되어버린 나
생채기 하나 없이 생인손처럼 아프다

시간의 길이와 깊이, 또
넓이를 셈할 수 없는 때는 가까워져 오는데
매일의 시작점이 저녁으로 옮겨와
어지럽게 살아온 생의 고백이 밀려오는 시간
어둠의 음모는 풀리지 않을 숙제다

몽당연필

미지의 터널을 들어서는 설렘
한때는 출구를 찾는 눈동자가 빛났었지
야무진 꿈의 속살을 더듬으며 들녘을 지나
바다를 건너는 바람의 질주를 하얀 종이에
그리던 너, 거침이 없었지

책장을 정리하다 발견한 몽당연필 하나 먼지 쌓인 책갈피 속에 잠자던 생각들이 눈을 뜬다
접혀있던 기억이 기지개를 켜자 동심의 맥박이 뛴다

키 큰 연필이 닳을 때마다 꿈은 더욱 키가 자랐지
말없이 지켜보시던 부모님 얼마나 애타게 기다렸을까
이제야 그 마음을 찾아내고 힘주어 쥐어보지만
늙어 온 세월 어느 굽이에서 그 꿈, 멈추었던가
백지 위에서 길을 잃은 몽당연필
창틈으로 찾아든 별, 구부정한 꿈의 그림자를 깨우고
생의 마지막 터널에서 울리는 기적소리와 함께 손에 잡힌
몽당연필 속삭이는 소리에 참회의 귀를 세운다

고단한 그림자

이슥한 밤 전등을 끄고 촛불을 밝히면
서재의 창에 드리워지는 자아, 그 고단한 그림자는
창밖 숲 속의 고요를 훔친다

익숙한 것에서 멀어지려는 시도
번번이 빗나가고 겉옷조차 벗지 못한 채
사면 벽에 얼룩으로 남아도
불타는 심장은 그을음조차 남지 않았다
현란한 언어를 다듬어 보지만
여물지 못한 문장,
그 척추는 여전히 부실하다
어둠을 안고 있는 무성한 숲과 새들의 교감
의식의 껍질을 깨고 달빛처럼 밀려온다

이른 아침 저 숲으로 나가 밤새 나눈
고요 속 대화, 영롱한 이슬방울 손끝에 적셔
네게 보낼 편지를 써야겠다

빛의 자궁子宮

불 꺼진 공원을 걷다가
시선을 거부하는 어둠을 노려본다
환한 빛 한 줄기 어둠을 통과하고
숲의 윤곽을 그린다
은사시나무가 유별나게 환하다
그제야 어둠과 친숙해지고
서로는 마음을 열었다

생각이 복잡해질 때
서재의 전등 스위치를 내리면
새싹처럼 돋아나는 어둠 속 작은 빛 한 올
바람에 맞서 덜컹거리는 창의 끈질긴 저항
사유의 맥을 짚는다
정제되지 않은 생각들이 여기저기 튀어나와 팽창한다

어둠의 눈빛을 붙잡고 변신을 시도한다
키가 자라고 몸집을 부풀리는 사념들
생명을 잉태한 어둠은 빛의 모태母胎였다

태초의 거울

 최초의 남녀는 에덴의 사방에 비친 서로의 얼굴을 보았다
 천연天然의 색깔과 소리는 투명했고 거침없이 맑은 거울을 통과했다

 욕망의 그을음이 번지기 전까진 맑은 거울이었다

 낯설다는 말과 낯익다는 말이 서로 어긋나기 시작했을 때부터
 색깔과 소리는 점차 맥을 잃어 갔고
 욕망의 비만을 앓는 시대, 신의 존엄이 제 멋대로 해석되어 산산이 부서진 후로
 온갖 얼룩으로 흐릿해진 거울은 마침내 기능을 상실했다

 익숙함과 낯섦에 대한 명확한 구분을 위한 나와 너 사이의 약속
 때론 나와 나 자신과의 약속이 두 자존의 얄팍한 틈새에 존재해야만 했던 거울

 운명의 주름살을 하나도 놓치지 않고

심판의 날이 오면 환한 눈빛으로 시시비비를 가릴 태초의 거울

어둠의 동반자

마음속 둥근 의자
그 의자에 너를 앉혀 놓으면
상념 밖으로 밀려 나오는 새벽 바다
눅진 해무가 무딘 가슴을 녹인다

닫을 수없는 마음에 화르르 번져가는 지독한 그리움
현기眩氣를 앓던 어느 날의 기억 속으로 잠기면
외로움의 벽에 아로새긴 견고한 그림자는 흔들리지 않는다

하늘을 끌어내리던 유성의 시간 속에서 여명이 움터고
지평을 향해 달려온 수평선의 미로는 점점 밝아 온다

너는 모른다 아니
알고도 남을게다

그리움의 낯, 빛은 어둠의 동반자라는 것

하늘 소식을 기다리다

생의 지주를 훌훌 떠나 어깨의 힘을 빼고
제 자리로 돌아가는 의식이 경건하다
혼자만의 결단일까
여전히 바람이 분다
낙엽이 흩날린다
잎 떨어진 자리
시선은 상처에서 굳어버리고
가늠할 수 없는 세월 속에서도
미련이란 단어는 입 밖에도 내지 않는다
인연의 모진 단절은
새로운 환희를 꿈꾸는 일일 게다
칠흑의 어둠이 잉태한 충만한 빛
기다림이 되어 천년이 가도
불변의 언약은 모서리가 닳지 않을 것이다
수평과 수직을 아우르는 십자가를 타고 흐르는 붉은 눈물
석양 하늘에 점점이 뿌려진다

늙어가는 포구

바다를 지고 오는 여자
거친 파도의 무늬를 몸에 새기고
태풍 경보에 피항한 뱃사람들의 포구가 된다

밀려드는 배, 떼 지어 갑판 위를 나는 갈매기만 분주하다
안도하는 얼굴들이 차가운 공기를 데우는 선술집
소금기 묻어 나는 목소리로 허탕 친 바닷길을 토해놓으며
어둑하게 가라앉은 바다의 잔광에 눈길을 멈춘다

태풍이 잦아 들 시기를 아는 여자는
수평선으로부터 오는 빛의 산란을 타고
꼬리 흔드는 깃발에 시선을 멈춘다
바다를 읽어 풍요를 계산하는 건 숙달된 지혜

바다를 안고 들어온 여자
다시 바다로 떠날 사람들의 이야기에 흥을 돋운다
왁자지껄한 소리 뒤로 저녁이 내리고
늙어가는 포구의 시간이 저문다

잡히지 않는 음계

반쯤 열어 둔 창으로 차가운 바람이 밀려들고
늙어가던 기억의 책갈피에 소름이 돋는다
늦은 오후,
창밖 활엽수에서 낙엽이 떨어진다
시나브로 잊혀 갔던
기억들이 옷을 갈아입고 나타난다

꽉 채운 필통에 기억의 지문이 지도처럼 박혀있다
가야 할 길을 독도법으로 찾아본다
저 길을 따라가면 봄을 만날 수 있으려나
방향도 없이 휘도는 봄날의 꽃샘바람에
잡히지 않는 음계가 비틀거린다

생각의 무수한 가지 끝에 달라붙는 봄 이파리들
여린 잎맥을 따라 물길 흐르는 소리
이제는 뿌리로부터 물을 뽑아 올리기도
힘겨운 시절이 나를 슬프게 한다
먹먹해 오는 가슴만 존재를 확인하고 있다

꿈의 얼룩

언덕길에 뿌리 뽑힌 나무 한 그루
마름질한 세월이 말라가고 있다
개미들이 나무의 한 생을 물어 나르느라 줄지어 오르내리고
숨넘어가는 매미의 울음소리가 엉겨 붙었다

뿌리를 붙잡고 선다
굵은 몸통에서 뻗어 나온 꽤나 무성한 잎 속에
삶의 비의悲意가 숨겨져 있을까
갑자기 소낙비 쏟아지는데 뿌리는
처량히 씻기고 길은 빗물로 질척인다

꿈의 원천은 뿌리라는 것
탯줄을 끊고 자궁에서 분리될 때
말갛게 씻긴 나의 꿈은 이미 경주를 시작했던 것 아닌가
미로를 헤매다 되돌아갈 수 없어 비에 씻기지만 더욱 또렷해지는 오늘의 꿈

침묵에서 얻다

산허리쯤에 피는 안개가 걷히고 해가 뜬다는 건
하늘이 안개의 말을 안다는 뜻일게다

영혼을 과포장한 이력들을 고백하는 날, 새벽 그때
삶의 구석구석에 들어 찬 비밀을
가지런히 한 줄로 세우고 말리는
시간의 어디쯤에 다다르면
밝은 눈으로 새처럼 가볍게 날아갈 수 있을까

솔잎에 두껍게 쌓인 먼지를 씻어 내리는
빗방울을 보면 어느새 나의 침묵은
야곱의 사다리가 된다*

*) 성경 창세기에 나오는 성구. 야곱의 사다리 ; 하나님이 야곱에게 주는 축복, 혹은 지상과 하늘의 소통을 상징하게 되는 것

소멸과 생성의 순환

차가운 바람이 허공을 채우고
비로소 생의 순리를 가르치는 계절
나뭇잎은 작은 떨림으로 신비한 경험을 쌓고 있다
버리거나 버려졌다는 사실에서
해방의 가치를 터득하고
제 스스로 내일을 채워야 하는 노동의 가치를 배운다
순리를 따라 오가는 계절
바람을 불러 제 몸을 흔들어야만 하는 나무는
새로운 꿈의 배경을 만들고 있다

수억 광년의 길이거나, 지척이거나 소식은 반가운 것

빈 가지에 얼어붙는 소식은 생각의 공간을 채우고
태동하는 새 생명의 소리를 전한다
반복하는 나뭇잎의 소멸과 생성의 순환 속에
누군가 지켜보는 이에게 전해주는 신비한 비밀이 있다
나는 그 비밀을 안다고 감히 말할 수 있을까

입추

폭양을 뒤집어쓰고 찬란했던 푸름
가라앉는 제 그림자 위로
막바지 여름이 거친 숨을 몰아쉬면
잠깐 당신이 잠든 틈 사이로
단풍으로 갈아입고 뒤꿈치 들어 사뿐히 온다

붉은 숲 속 길은
뾰쪽한 햇살에 꼬불꼬불 일어서는데
아스라한 추억을 안고 간 그대, 저 길로 다시 돌아오는데
어쩌자고 나는 주저하고만 있는가

슬픔과 기쁨의 무게를 가늠하며
슬그머니 겉옷을 갈아입는 산기슭,
아직은 이른 가을
너럭바위에 따사로운 가을볕이 눕고 있다

그늘에서 길을 찾다

 울울한 북악의 숲 속
 널브러진 솔방울들 씨앗을 날려 보내고
 어둔 그늘에 갇혀 시나브로 말라 간다
 송진 냄새 푸르던 그 젊은 날
 아련한 기억의 색깔조차 빼앗기고
 어둠 속에서는 결코 싹을 틔울 수 없는데, 결코 없는데
 이대로 주저앉을 수는, 더더욱 없다는 집념이 더듬고
가는 길
 푸르기만 하면 숲이던가
 울창하기만 하면 숲이 되는가
 잡풀 하나도 뿌리를 내릴 수 없어
 더 이상 생존의 터가 아닌 죽음의 음지엔
 어둠의 촉수가 억척스러운 적막을 움켜쥐고 있다
 천혜의 빛줄기 하나가
 그늘 속에서 길을 찾아보지만
 숲은 언제나 길을 내지는 않는다
 한정된 생의 마감 앞에 내일을 잉태할 한줄기 빛,
 후천성 불임의 마른 눈물을 씻고 있다

세월의 일기장

모습을 지울 때가 아직은 아니라서
그늘이 짙어 가는 산모롱이
뒤꿈치 들어 내다보면
남은 세월의 이정里程이 보인다

해거름, 식어가는 온기가 숲으로 내리고
수평선으로부터 해조음을 끌고 오는 노을
저녁 하늘에 자맥질한다

가까이 왔다 풀 죽어 멀어져 가는 파도
울음 그치면 주름살 하나 없는 낯빛이지만
미완의 설음인 양 하얀 울음 오래도록 울고
묵언으로 담은 수많은 생각들이
해 그림자를 밟고 서서 늘 조바심쳤던 세월의 일기장
을 펼친다.

소리 없이 쌓이는 말

말은 언제나 숙제였다
한 걸음 앞서가는…

미리 뱉어 놓은 말들이 안개처럼 흩어져
물감 풀어 놓은 생각의 울안에서
언어가 되어 빈 가슴을 채운다

물컹한 껍질을 벗기고
기억을 헤집고 나온
네 또렷한 생각의 끝머리
이어 갈 수 있을지
안타까움에 자주 현기증을 느낀다

깊은 상념과 빈 가슴의 뒤란에
소리 없이 쌓이는 말, 아픔으로 저장하면
잡다한 생각이 위안리치*의 가시 울이 되어
세월을 떠밀고 가는 긴 행로마다 잿빛 자욱했던 세월
가시 날카롭게 자란 아픔의 말들, 붙잡아 매는
수척한 세월의 끈, 언제나 내 손에 있음을 알고 난 후
뒤돌아보지 않겠노라 다짐한다

(*) 위안리치 : 추사 김정희의 제주도 유배시절 적소를 탱자나무 울타리로 둘러친 것을 말함

시간을 응축하다

세찬 바람과 맞서는 늙은 소나무
태생적으로 심하게 뒤틀리고 옹이 진 굵은 가지
한 생의 내력이 고개를 숙이고 있다

천 일의 밤을 대낮인 양 끌어안고
고절의 시간을 응축한 생의 눈빛
아득한 전설이 된다

하고픈 말 못 하고 부르튼 입술로
천연天然의 미학을 토해내는 위용이 눈부시다

때론 음습한 기운이 주변을 맴돌아도
개의치 않는 마음은 자존의 결을 다듬고
몸통에 깊이 박힌 역마살 같은 문신
든든한 위로임을 알 때 한 줄 보태지는 나이테
튼 살 같은 삶의 바닥에 낙관을 찍는다

조급하지 않은 생의 외곽으로
무한의 포용이 천성이듯 푸른 하늘을 향한
저항의 결기를 찾아볼 수 없는 삶
조심스레 내리는 햇살이나 밤빛도 반려伴侶가 된다

내일의 문장을 읽는 저 청청한 눈빛
움츠려 드는 세월을 응축한다

저녁 식탁

식탁 위에 넘실대는 바다가 한 상이다
비린 아우성이 식탁에 차려지고
창으로 드는 햇살에 자취를 감추는 바다의 풍요
억센 생선가시들이 접시에 수북하다

대책 없는 생각의 줄기가 꺾이고
눈길 머무는 삽짝,
봄꽃은 세월을 비껴갔다

어둠살에 물든 감나무 이파리에
달빛을 찍어 맹서해 두었던 다짐들
허기진 가난이 욕망의 다짐들을 쉴 새 없이 두드렸다

삶이란 개념은 질서 정연한 것인가
과정의 색깔들은 과연 순수하기만 한 것일까
저녁, 저문 식탁 위로 아픔의 가시들을 내려놓는다

붉은 여행길

쉴 새 없이 지나가는 붉은 풍경,
생의 속살도 붉을 거라는 생각 속에 잠겨요
붉은 나뭇잎들이 하나 둘 지고 있네요
비움은 성숙을 위한 시작인가 봐요
구비구비 도는 산길을 오릅니다
붉은 풍경을 흔드는 붉은 바람이 불고
생각은 붉은 땀을 흘립니다
급경사 구불길, 붉은색 주의 표시판
'사고가 많은 구간입니다'
영과 육의 결합이 이탈하는 환상에 어지럽습니다
속도와 반비례하는 붉은 나무들의 흔들림
묵시의 경고를 보냅니다
마음속 세상은, 백악기
그 어느 쯤의 시간에 멈춰 섰는지도 모릅니다
되돌아갈 수 있다는 생각은
공룡의 발자국처럼 귀퉁이마다 닳았네요
평지에 들어서자 붉은 감동과 흥분을 휘날리며
점점 붉어지는 세상을 가로질러 가는 버스는 앞서 달려갑니다
여행길에 나는 빠르게 붉어집니다

유성, 한줄기 빛

다듬이질 소리가 겨울밤을 얼렸을 때
차가운 입김이 바깥으로 빠져나오고
밤의 하얀 무늬는
감나무 빈 가지에 걸린 달을 휘어 감았다
따스한 구들목에서도 식은땀을 흘리는 아버지
기침을 멈출 즈음
어머니의 다듬질 소리도 그치고
지창으로 드는 하얀 밤은 내일의 은유가 된다
자정 지나 생각에 빠져들면
어머니는 윗목에 자리를 펴고 잠을 청한다
격렬한 또 하루가 터널처럼 긴 꿈속으로 빠져들지만
출구가 열려 있는 여명은 언제나 소리 없이 부산을 떨었다
꿈속에서 본 유성의 한줄기 빛으로 생각보다 큰 아픔을 삭인다
세월 거슬러
창가에 어리는 하얀 달빛도 낯설어
이명으로 들리는 기침소리, 다듬이질 소리
어둠 짙은 세월을 삭혀 굵은 주름살 편다

경고성 문장
 - 폭설

어둠 깊을수록 더욱 눈 밝아지는 새
폭설 분분한 날, 우리의 시간이 찬바람에 흔들릴 때도
새들은 마음을 바꾸지 않는다

땅에 엎드려 부실한 게으름으로
가쁜 숨 몰아쉬는 우리, 새떼들의 낙하를 본다

세상의 말이 유독 키만 커 갈 때
마음의 말은 더욱 작아지고
시간의 흐름은 명암에 반비례한다

이 밤, 새떼가 만들어내는 수많은 경고성 문장들
하얗게 그은 밑줄은 자꾸만 두터워지고
끝나지 않은 심상心象, 느린 맥 끝에 잠든 詩

너

절실함에 대한 아쉬움이다

꺾어진 장미 줄기에 붙어 말라가는 가시의 날카롭고 아픈 눈빛이다

한여름 정오를 지나 빨랫줄에서 퍼덕이는 하얀 춤사위다

허수아비의 어깨에 올라앉은 새들의 눈빛이다

의자를 뒤로 물려 앉아 벽면을 휘젓는 무료한 시선이다

천리만리 흘러가는 강물이 만날 푸른 파도의 심장이다

단지 먼 산을 바라볼 때 불현듯 찾아오는 옛 그리움이다

이제 떠나는 너를 놓아주고 싶은 시간이다

작품 해설

〈이대전 시인의 시집 해설〉

시인의 언어 속에 잠재되어 있는 시적 은유와 어우러지는 감동

시인 유창섭 「前 월간 모던포엠 편집주간」

〈이대전 시인의 시집 해설〉

시인의 언어 속에 잠재되어 있는 시적 은유와 어우러지는 감동

시인 유창섭「前 월간 모던포엠 편집주간」

시인이 선택한 은유적 언어의 시적 발현

　이대전 시인의 시는 풍부한 표현과 상징적 언어로 채집된 언어의 그물로 직조되어 있다는 인상을 받는다.

　때로는 김현승 시인(1913-1975)과 같은 엄숙 주의자의 면모를 보인다. 아마도 같은 기독교인이라는 공통점 속에서 발견될 것 같은 진지함과 열정을 가지고 있었기 때문일지도 모르겠다.

　다소 생뚱맞은 이야기처럼 들릴지도 모르지만 가끔 시란 무엇인가를 생각할 때, 떠오르는 이야기가 있다.

　소설 우편배달부에서 파블로. 네루다 Pablo Neruda (1904-1973)는 우편배달부 마리오가 "시가 무엇인가?" 하는 질문에 시는 메타포 metaphor(=은유)라고 말한다.

사실 우리 삶은 수많은 메타포 metaphor(=은유)로 가득 차 있다. 우편배달부 마리오는 그걸 알아채고 살아가도록 깨닫게 해 준 시인을 만난다.

당시 대 시인 네루다를 만난 것은 마리오에게는 행운이었다. 마리오의 인생은 네루다 같은 존재를 우연히 만나 시적 영감을 받고, 사랑을 찾고, 영적으로 성장하고, 시가 일련의 메타포 metaphor(=은유)라는 것을 배우게 된다.

이대전 시인의 경우처럼 그런 의미에서 시인의 시를 읽으면서 시인이 드러내고자 하는 의미를 채집하기 위해서는 그 시인의 언어 속에 잠재되어 있는 시적 은유를 이해하여야 그 정서적 함의를 재발견할 수 있을 것이라고 생각한다.

정서적 감동과 그에 걸맞은 시적 울림이 느껴지는 것은 이러한 이대전 시인의 시적 언어가 진지함과 진솔한 시적 태도에서 발원하는 시적 영감의 힘이 이 시인의 시를 감동으로 이끌고 있는 힘이라고 생각한다.

이 시인의 시 속에서는 시인이 가진 사고의 다양한 시적 프리즘이 시적 의미망에 투영되고 있다.

인간의 영원한 명제인 '사랑과 그리움의 정서'---시, "그대, 끝없는 물음" "입춘방" "천수답"과 같은 작품---가 은유되는가 하면, 사물의 상징성을 통한 '사회문화적 시적 자아의 성찰과 시적 정서'가 투사---시, "몽당연필" "어둠의 동반자" "늙어가는 포구"과 같은 작품---되기도 하고, 우리가 살고 있는 세상에 대한 '인간적 연민과 삶에 대한 염려'---시, "세월의 강" "뛰어다니는 세상"과 같은 작품---가 드러나기도 하며, 존재하는 '사물에 대한 경외와 신앙에 대한 깨달음'---시, "입추" "저녁 식탁" "붉은 여행길"같은 작품---을 드러내어 보여주기도 한다.

 이러한 시인의 심상적 작용은 여러 층위의 넓은 스펙트럼을 드러내어 정서적 새로움을 발현시키기도 한다.

 이제 이대전 시인의 제2시집의 내면으로 들어가 시인의 세계를 탐색해 보기로 한다.

1. '사랑과 그리움의 정서'

 이대전 시인의 시 중에서도 자주 만나게 되는 친숙한 정서는 그리움에 대한 시인의 풍부한 감성이다.

> *허리띠를 풀지 못하나요*
> *덧난 상처들을 훈장처럼 드러내고*
> *새벽길 걸으며 푸나무들의 기지개에서 어떤 암시를 읽었는지요*
>
> *서서히 식어가는 체온*

찬바람에 허기는 더해 가는데
밤낮의 명암을 허무는 일상을 추스르지 못해
나무들이 폭설에 부러진 조붓한 산길을 걸어보긴 했나요
햇살을 비껴가는 산그늘을 품고
이른 비와 늦은 비를 기다리는 숲길에서
마른하늘에 번개라도 만나 보았나요
마침표 없는 생의 외길은 끝이 없는데 생각은
허덕이기 일쑤였지요

지금은 어디쯤에 서 계신가요
그대 혈관을 타고 부풀어 오르던 통증은, 오늘
결 고운 빛의 소리로 바뀌었겠지요

물음은 끝없는데
대답을 들을 수 없는
어처구니없는 세상, 봄이 왔는데
봄 같지 않은 행간에 갇혀 더운 숨만 내뱉고 있답니다

(시, "그대, 끝없는 물음" 전문)

"그대, 끝없는 물음"에서 시인의 마음속에 존재하는 "그대"는 매우 상징적인 존재다. 그저 무작정 마음속을 터놓고 이야기하고 싶은 '아무 이야기나 일방적으로 대화할 수 있는 상대'로 읽힌다. 그것은 어쩌면 한용운 시인이 "님의 침묵"에서 말하는 서내담론의 대상처럼 이 시에서도 이대전 시인 자신의 내면에 있는 신앙의 대상이나 또 다른 자신이 될 수도 있을 것 같다.

> *밤낮의 명암을 허무는 일상을 추스르지 못해*
> *나무들이 폭설에 부러진 조붓한 산길을 걸어보긴 했나요*
> *햇살을 비껴가는 산그늘을 품고*
> *이른 비와 늦은 비를 기다리는 숲길에서*
> *마른하늘에 번개라도 만나 보았나요*
> *(시, "그대, 끝없는 물음"의 부분)*

시인이 말하는 일상의 작은 풍경은 자신의 내면에 있는 감성적 자아와의 소통이며 그 실체를 기억하여 하나의 의미망에 가두어둔 안타까움이라고 해석할 수 있다.

'나무들이 폭설에 부러진 조붓한 산길'은 자신의 경험 속의 풍경이며, '마른하늘에 번개라도 만나 보았나요'에서처럼 역시 자신만의 내면적 대상에게 물어보는 은유적 대상의 풍경에 다름 아니다. 그것은 기억의 어딘가에 축적되어 있다가 시인이 앓고 있는 인간적 통증을 항상 버팀목이 되어 시인을 견디게 해 준 분인 "그대 혈관을 타고 부풀어 오르던 통증"으로 동일화하여 드러내고 있다고 읽힌다.

그래서 시인은 상대에게 "봄이 왔는데 / 봄 같지 않은 행간에 갇혀 더운 숨 만 내뱉고 있답니다."라고 푸념처럼 말을 던져 보는 것이다.

이와 같이 이대전 시인은 자신의 관점을 보다 확장된 세계로 끌고 가면서 다양한 정서적 교감을 시도하고 있다.

다음에 읽게 되는 "입춘방(立春榜)"이라는 시에서 시인은 부풀어 오른 '그리움의 정서'를 그려낸다

>숭숭 구멍 뚫린 배경
>찬바람이 펼쳐놓은 그물에 얽혔다
>비 새는 지붕에선 새들이 이끼를 쪼고
>마룻바닥은 눅눅했다
>겉옷 걸치지 못한 날,
>재채기는 마른 목구멍에 걸리고
>긴 한숨으로 연탄불을 지피고 있는 너는
>끝 모르는 기다림을 삭힌다
>세월은 한참 늙었는데
>잎맥 앙상한 낙엽 하나 주워 들고
>그물에서 빠져나가는 햇살을 들여다보면
>지나간 시간이 용수철처럼 튀어 오른다
>
>눈물로 쓴 입춘방
>녹슨 네 집 대문에 붙여두고
>한참을 서있다 왔다
>거실은 커튼이 닫혀 있었고 너는 모른다
>
>입춘방,
>겨울을 앓는 세상의 문 밖을 향해
>일 년 내내 붙어 있을 희망의 기도문이다
>   (시, "입춘방" 전문)

시 속에서 시인은 "입춘방"에 붙어 있는 자신의 의도를 표출한다.

> *입춘방,*
> *겨울을 앓는 세상의 문 밖을 향해*
> *일 년 내내 붙어 있을 희망의 기도문이다*

시인의 마음속에 사는 다른 사람이 있다. 그저 막연히 그리움의 대상으로 존재하는 어떤 안타까운 이미지를 가진 "너"가 존재한다. 그는 그를 통해 삶에 대한 진지한 이야기를 하기도 하고 현재와 격리된 그리움으로 자신에 대한 연민을 토로하기도 한다.

봄이 왔는데, 그는 마음속에서 그 기억 속 "너"를 위해 "입춘방"을 쓰고 그가 살던 녹슨 철대문에 그 '입춘방'을 붙여준다.

'너'는 어떻게 살고 있을까? "세월은 한참 늙었는데" 지나간 세월의 기억들이 용수철처럼 튀어 오르는 순간을 추상한다.

> *잎맥 앙상한 낙엽 하나 주워 들고*
> *그물에서 빠져나가는 햇살을 들여다보면*
> *지나간 시간이 용수철처럼 튀어 오른다*
> *-----중략-----*
> *겨울을 앓는 세상의 문 밖을 향해*

> *일 년 내내 붙어 있을 희망의 기도문이다*
> *(시, "입춘방"의 부분)*

"잎맥의 그물에서 빠져나가던 햇살"이란 많은 세월을 뚫고 지나온 기억의 잔상이 아닐까?

그래서 시인의 마음에서는 "너"를 위해 그 차가운 겨울을 지나온 집 대문에 붙어 있는 입춘방은 "일 년 내내 붙어 있을 희망의 기도문"이 될 수밖에 없을 것이다.

그런 마음이 아름다운 기억의 행간에 담겨있는 소중하고 진지한 안타까움으로 존재하여 독자에게 감동을 안겨주게 되는 것이다.

이대전 시인의 시 중에는 일찍 아버지를 여의고 자식을 길러내는 어려움을 감당해온 어머니에 대한 기억이 고마움으로 각인되어 있다.

> *뿌리 걷지 못한 어린 벼,*
> *시뻘건 몸을 비비 꼬지만 비 소식 멀다*
>
> *하늘과 맞닿은 천수답*
> *논둑엔 이따금 작은 새들이 날아들어 마른 풀뿌리를 쪼다 간다*
>
> *여명이 움트는 하루를 살피며*

땀띠 돋난 목 길게 늘여 하늘을 올려다보는 어머니
타는 가슴속엔 언제나 나를 품고 있었다

눈가에 잡힌 주름
외마디 신음소리는 하늘을 흔들었고
날마다 바뀌어 뜨는 빛 다른 구름을 보며 마음을 추슬렀다

깊게 파인 내 생의 발자국에 고인 빗물 쉽게 마르고
산기슭 짙은 그늘조차 흐릿한 지 오래
후회와 자책이 가시넝쿨처럼 얽혀 있다

엊저녁 잠결에 들려오던 어머니의 다급한 목소리
나를 찾아오시다가 길을 잃으셨나 보다

아침노을이 번지는 창가
어슴푸레 떠오르는 얼굴
이 기억 사라지기 전 다시 길을 낼 수 있을까

언제나 하늘바라기 하는 나는
모정의 비를 기다리는 천수답
(시, "천수답"전문)

    시인의 어머니는 홀로 자식들을 키우면서 힘든 산비탈 천수답을 일구며 삶을 이끌고 생활하시었다. 그런 와중에도 유난히 어머니는 시인을 데리고 다니면서 아들을 뒷바라지하며 미래를 꿈꾸고 있었던 것 같다.

하늘과 맞닿은 천수답
논둑엔 이따금 작은 새들이 날아들어 마른 풀뿌리를 쪼다 간다

여명이 움트는 하루를 살피며
땀띠 덧난 목 길게 늘여 하늘을 올려다보는 어머니
타는 가슴속엔 언제나 나를 품고 있었다
　----중략----
엊저녁 잠결에 들려오던 어머니의 다급한 목소리
나를 찾아오시다가 길을 잃으셨나 보다
　----중략----
언제나 하늘바라기 하는 나는
모정의 비를 기다리는 천수답
　　(시, "천수답"부분)

  꿈결에도 아들을 찾아오시다가 길을 잃으셨는지 다급한 목소리가 들리는 것을 보면 이제 와서 생각해 보니 어머니에게 시인은 언제나 천수답으로 존재했었다는 사실을 깨닫게 된 것 같다. 참으로 애틋한 기억이 아닐 수 없다.

2. '사회문화적 시적 자아의 성찰과 시적 정서'

문경새재 조령 3 관문
낙동강 발원지 세 곳 중의 하나
말갛게 흐르던 여울

은밀한 속뜻 감춘 유장한 흐름이 도도하다
생명의 원력原力은 수많은 실개천과 몸을 섞어
이념의 올무를 끊어내며 사자후를 토한다
두 번 다시 좌절은 없다는 생각
긴장과 안도가 혼재한 채 흘러가는
지난한 세월의 혼魂이 수시로 요동친다

세월의 강, 기수지의 바다는 저만치 먼데
나의 생은 달과 별을 담을 수 없는 겨울 강
되돌아갈 자리는 없고
시간의 비늘을 더듬는 기억은 지울 수 없어
남은 생애, 반목의 그물에 포획되지 않기를 바랄 뿐이다
(시, "세월의 강" 전문)

    이제 노년의 삶을 살게 되는 이 시인의 마음엔 살아온 세월에 대한 많은 생각이 매달려 있다. 수많은 실개천이 모여 강이 되어 바다를 향해 흐르게 되는 강물의 흐름이나 인생의 흐름이나 무엇이 다르랴.

말갛게 흐르던 여울
은밀한 속뜻 감춘 유장한 흐름이 도도하다
----중략----
생명의 원력原力은 수많은 실개천과 몸을 섞어
이념의 올무를 끊어내며 사자후를 토한다
두 번 다시 좌절은 없다는 생각
----중략----

> *세월의 강, 기수지의 바다는 저만치 먼데*
> *----중략----*
> *남은 생애, 반복의 그물에 포획되지 않기를 바랄 뿐이다*
> *(시, "세월의 강" 부분)*

 그 강이 되어 흐르는 시인도, 감상자인 우리도 언젠가는 도도한 바다에 이르러 살아온 인생을 성찰하고 돌아보는 계기를 맞이하게 될 것이다.
 때때로 살다 보면 우리는 과연 잘 살고 있는 것일까? 하고 회의하는 마음이 되는 때가 있다. 살아온 세월을 되돌아보면 당연시했던 일들도 꼭 그렇게 당연한 일처럼 보이지 않는 때가 종종 존재한다.

> *희뿌연 황사, 시계視界를 가린 날*
> *예닐곱 살 사내아이, 키보다 큰 가방을 메고 뛰어간다*
>
> *애야, 어딜 그리 바빠 가니? 학원가요 아니 학교는 갔다 왔고? 그럼요 결석하면 엄마랑 선생님한테 야단맞거든요*
> *짐짓 귀찮은 듯 뒤퉁거리며 뛰어간다*
> *학원버스가 후문에 오거던요 늦으면 기사 아저씨가 혼낸다니까요*
> *뒤돌아보는 억양이 까칠하다 짐짝처럼 무거운 가방, 귀퉁이에 목을 맨 하얀 강아지 인형이 몸부림을 친다*
>
> *가엾다는 생각이 들기도 하고*

부모 잘 만난 듯 싶기도 하고
앙탈 부리지 않고 학교도 학원도 잘 다니는 걸 보면 착하다 싶다

경쟁의 시대
뛰어가는 저 아이
부모도
선생도
버스기사도
너도 나도 밤낮없이 뛰고 있다
세상은 온통 뛰어다니는 소리로 시끄럽다
그 사이,
세상 어느 한쪽이 무너지고 있다
    (시, "뛰어다니는 세상" 전문)

 젊은 시절에는 그런 마음도 사치라고 접어 두었던 생각, 뛰어가는 아이를 보는 시인의 눈은 서두르는 세상에 대한 연민에 꽂혀있다.

뒤돌아보는 억양이 까칠하다 짐짝처럼 무거운 가방, 귀퉁이에 목을 맨 하얀 강아지 인형이 몸부림을 친다
-----중략----
너도 나도 밤낮없이 뛰고 있다
세상은 온통 뛰어다니는 소리로 시끄럽다
그 사이,
세상 어느 한쪽이 무너지고 있다

(시, "뛰어다니는 세상"의 부분)

  시는 모든 것을 말하지 않고 은유하여 독자들이 교감할 상상력의 공간을 만들어 두어야 제격이다. 그래야 시인의 눈만이 아닌 독자의 눈으로 보이지 않는 곳까지 들여다보게 되며 많은 것을 상상하게 된다.

  그런 의미에서 시인은 우리가 살고 있는 세상에 대한 모습을 은유하는 형태로 그려낸다.

  "온통 뛰어다니는 소리로 시끄러운 세상을 되돌아보며 "가방, 귀퉁이에 목을 맨 하얀 강아지 인형이 몸부림을" 치는 세상의 모습으로 치환되는 세상의 "세상 어느 한쪽이 무너지고 있다"는 시인의 인식은 많은 이야기를 은유한다.

  존재하는 많은 세상살이를 살펴보면 이 세상은 언제나 정의롭고 평등한 세상만은 아니라는 생각에 이르게 된다.

  다음에 만나는 시--"긋다"는 존재적인 의미에서 매우 상징적인 의미를 가진 시 중의 하나다.

> *순식간에 사라지는 유성*
> *여운이 길다*
> *세상 구석구석 그을 수 있는 여백은 많으나*
> *획 하나를 긋기란 쉽지 않다*

긋는다는 것
존재의 의미를 넘어 선 존재 이상의 문제다
후미진 골목 돌담장을 한사코 기어오르는 담쟁이넝쿨이나
벽에 기대어 키를 키우는 장미덩굴이 붉은 꽃 피우는 일이나
붉은 머리띠를 두르고 광장을 메운 투쟁의 아우성도
그들의 세계 속에 획 하나 그으려는 것 아닐까
끝과 끝이 필연으로 부딪히는 날
획 속의 사람들은 안녕할 수 있을까

긴 꼬리를 문 별똥별
생의 정점, 그 획을 긋는 것은 우연이 아니다
고난을 지고 가는 십자가의 길, 때를 기다린 후의 일이다
　　　(시, "긋다" 전문)

　우리가 사는 세상은 아주 다양한 삶의 형상이 존재하는 세상이다. 그 존재의 세상에서 자신이 살았다는 한 획을 "긋는" 일이란 무엇인지 그리고 아무렇게나 긋는 일이 아니라는 잠언과도 같은 언술로 그 의미를 일깨우고 있다.

긋는다는 것
존재의 의미를 넘어 선 존재 이상의 문제다
후미진 골목 돌담장을 한사코 기어오르는 담쟁이넝쿨이나
벽에 기대어 키를 키우는 장미덩굴이 붉은 꽃 피우는 일이나
붉은 머리띠를 두르고 광장을 메운 투쟁의 아우성도
그들의 세계 속에 획 하나 그으려는 것 아닐까
　　　----중략----

긴 꼬리를 문 별똥별
생의 정점, 그 획을 긋는 것은 우연이 아니다
고난을 지고 가는 십자가의 길, 때를 기다린 후의 일이다
　　　(시, "긋다" 부분)

　이대전 시인은 '획을 긋는 일'은 존재를 넘어 존재 이상의 의미라고 말한다.

　우리가 이 세상에 태어나 이 세상에서 어떤 흔적 같은 것이라도 남겨 놓는다는 것은 존재 이상이라고 의미를 부여한다.

　"돌담장을 기어오르는 담쟁이넝쿨"이나 "키를 키운 장미넝쿨"에서 빨간 꽃을 피우는 일도 "붉은 머리띠를 두르고 광장을 메운 투쟁의 아우성"을 지르는 것도 모두 획을 그으려는 몸짓이라고 말한다.

　그러나 그 진정한 의미는 무엇일까? "고난을 지고 가는 십자가의 길, 때를 기다린 후의 일이다"라고 말하여 그 깊은 의미를 다시 한번 생각하게 만들고 있다.

3. '인간적 연민과 삶에 대한 염려'

　시인의 내면에 잠재되어 있는 서정주의적인 심상을 만나게 된다.

　이 시인이 살아온 시대의 세월에서는 빠질 수 없는 기억

의 그림자--몽당연필--이 아주 중요한 어린 시절의 아름
다운 추억으로 데려다준다.

> *미지의 터널을 들어서는 설렘*
> *한때는 출구를 찾는 눈동자가 빛났었지*
> *야무진 꿈의 속살을 더듬으며 들녘을 지나*
> *바다를 건너는 바람의 질주를 하얀 종이에*
> *그리던 너, 거침이 없었지*
>
> *책장을 정리하다 발견한 몽당연필 하나 먼지 쌓인 책갈피 속*
> *에 잠자던 생각들이 눈을 뜬다*
> *접혀있던 기억이 기지개를 켜자 동심의 맥박이 뛴다*
>
> *키 큰 연필이 닳을 때마다 꿈은 더욱 키가 자랐지*
> *말없이 지켜보시던 부모님 얼마나 애타게 기다렸을까*
> *이제야 그 마음을 찾아내고 힘주어 쥐어보지만*
> *늙어 온 세월 어느 굽이에서 그 꿈, 멈추었던가*
> *백지 위에서 길을 잃은 몽당연필*
> *창틈으로 찾아든 별, 구부정한 꿈의 그림자를 깨우고*
> *생의 마지막 터널에서 울리는 기적소리와 함께 손에 잡힌*
> *몽당연필 속삭이는 소리에 참회의 귀를 세운다*
>
> *(시, "몽당연필" 전문)*

지금 생각해 보면 "몽당연필"이란 어린 시절의 중요한
매개체였다. 쓸 종이조차 풍부하지 못했던 시절엔 연필 하
나조차 몽당연필이 되도록 써야 하는 시대적 곤궁을 떠안

고 살아야 하는 시대였음을 이 시대의 컴퓨터로 살아가는 젊은이들에겐 먼 나라의 전설처럼 느껴질 만한 일이 될 수도 있겠다.

> *바다를 건너는 바람의 질주를 하얀 종이에*
> *그리던 너, 거침이 없었지*
>
> *책장을 정리하다 발견한 몽당연필 하나 먼지 쌓인 책갈피 속*
> *에 잠자던 생각들이 눈을 뜬다*
> *접혀있던 기억이 기지개를 켜자 동심의 맥박이 뛴다*
> *　　----중략----*
> *늙어 온 세월 어느 굽이에서 그 꿈, 멈추었던가*
> *백지 위에서 길을 잃은 몽당연필*
> *　　----중략----*
> *창틈으로 찾아든 별, 구부정한 꿈의 그림자를 깨우고*
> *생의 마지막 터널에서 울리는 기적소리와 함께 손에 잡힌*
> *몽당연필 속삭이는 소리에 참회의 귀를 세운다*
> *　　　(시, "몽당연필" 부분)*

　시인은 "책장을 정리하다 발견한 몽당연필 하나"를 두고 오랜 옛날의 동화 같은 기억을 이끌어낸다.
　"키 큰 연필이 닳을 때마다 / 꿈은 더욱 키가 자"라던 "몽당연필" 속에서 꿈을 꾸던 시인의 꿈은 어디서 멈추었던 것일까? 아니, 얼마간 그 꿈을 이루고 이제 그 아련한 추억을 떠 올리고 있는 것이다.

바로 그 작은 키의 몽당연필에서 아직도 소곤거리는 소리가 들을 수 있는 사람이 바로 시인이다. 그래서 지금도 시인은 소곤거리는 몽당연필의 소리를 들으며 새로운 꿈을 찾아내고 있는지도 모를 일이다.

이제 시인의 다른 얼굴, 외로움을 살펴본다.
시인의 마음속에는 "둥근 의자" 하나가 있는 모양이다.
그 둥근 의자에는 많은 그리움이 함께 앉아 있다. 그런 그리움은 어떤 때는 하나의 외로움으로 존재한다.

> 마음속 둥근 의자
> 그 의자에 너를 앉혀 놓으면
> 상념 밖으로 밀려 나오는 새벽 바다
> 눅진 해무가 무딘 가슴을 녹인다
>
> 닫을 수없는 마음에 화르르 번져가는 지독한 그리움
> 현기眩氣를 앓던 어느 날의 기억 속으로 잠기면
> 외로움의 벽에 아로새긴 견고한 그림자는 흔들리지 않는다
>
> 하늘을 끌어내리던 유성의 시간 속에서 여명이 움트고
> 지평을 향해 달려온 수평선의 미로는 점점 밝아 온다
>
> 너는 모른다 아니
> 알고도 남을게다
>
> 그리움의 낮, 빛은 어둠의 동반자라는 것

(시, "어둠의 동반자" 전문)

   시인은 가끔 자신의 내면에서 외로움을 발견한다. 외로움이란 무엇일까?
   그런 속에서도 상념 밖으로 밀려 나오는 새벽 바다에서 자신을 발견한다.

> *마음속 둥근 의자*
> *그 의자에 너를 앉혀 놓으면*
> *상념 밖으로 밀려 나오는 새벽 바다*
> *눅진 해무가 무딘 가슴을 녹인다*
> *----중략----*
> *외로움의 벽에 아로새긴 견고한 그림자는 흔들리지 않는다*
>   *----중략----*
> *그리움의 낯, 빛은 어둠의 동반자라는 것*
> *(시, "어둠의 동반자" 부분)*

   "외로움"이란 오직 어둠으로만 존재하는 것이 아니라 그리움의 뒤편에서 가끔 빛으로 존재한다는 것을 역설적으로 드러내고 있다.

   시인의 고향엔 바다가 있고 바다에 얽힌 추억들이 언제나 아름다운 시적 존재로 등장한다.
   여기에 등장하는 여인의 모습은 단순하고 평범한 모습

이 아니라 바다의 삶을 짊어지고 사는 주체로서 '바다를 등에 지고 오는 여자'라고 상징하여 그 감흥을 배가시킨다.

> 바다를 지고 오는 여자
> 거친 파도의 무늬를 몸에 새기고
> 태풍 경보에 피항한 뱃사람들의 포구가 된다
>
> 밀려드는 배, 떼 지어 갑판 위를 나는 갈매기만 분주하다
> 안도하는 얼굴들이 차가운 공기를 데우는 선술집
> 소금기 묻어 나는 목소리로 허탕 친 바닷길을 토해놓으며
> 어둑하게 가라앉은 바다의 잔광에 눈길을 멈춘다
>
> 태풍이 잦아 들 시기를 아는 여자는
> 수평선으로부터 오는 빛의 산란을 타고
> 꼬리 흔드는 깃발에 시선을 멈춘다
> 바다를 읽어 풍요를 계산하는 건 숙달된 지혜
>
> 바다를 안고 들어온 여자
> 다시 바다로 떠날 사람들의 이야기에 흥을 돋운다
> 왁자지껄한 소리 뒤로 저녁이 내리고
> 늙어가는 포구의 시간이 저문다
> *(시, "늙어가는 포구" 전문)*

작은 포구에 있는 어촌에서는 높은 파도나 폭풍으로 인해 고기를 잡으러 출항하지 못하는 때가 있다.

바다를 지고 오는 여자
거친 파도의 무늬를 몸에 새기고
태풍 경보에 피항한 뱃사람들의 포구가 된다
　----중략----
소금기 묻어 나는 목소리로 허탕 친 바닷길을 토해놓으며
어둑하게 가라앉은 바다의 잔광에 눈길을 멈춘다
　----중략----
태풍이 잦아 들 시기를 아는 여자는
　----중략----
바다를 읽어
----중략----
바다를 안고 들어온 여자
다시 바다로 떠날 사람들의 이야기에 흥을 돋운다
----중략----
늙어가는 포구의 시간이 저문다
　　(시, "늙어가는 포구" 부분)

　바다에 나가지 못하는 날이나 파도가 심해 피항하는 어선이 많은 날에는 선술집에 모여 '다시 바다로 떠날 사람들이 모여 이야기에 흥을 돋우며 농담도 하고 잡담도 하는 풍경이 펼쳐진다.
　그 속에서 바다를 안고 사는 여자, 그리고 어부들의 삶이 녹아내리고 바다도 나이를 먹으며 그들과 함께 늙어가는 모습을 정감 있게 서정적으로 그려 놓았다.

4. '사물에 대한 경외와 신앙에 대한 깨달음'

    폭양을 뒤집어쓰고 찬란했던 푸름
    가라앉는 제 그림자 위로
    막바지 여름이 거친 숨을 몰아쉬면
    잠깐 당신이 잠든 틈 사이로
    단풍으로 갈아입고 뒤꿈치 들어 사뿐히 온다

    붉은 숲 속 길은
    뾰쪽한 햇살에 꼬불꼬불 일어서는데
    아스라한 추억을 안고 간 그대, 저 길로 다시 돌아오는데
    어쩌자고 나는 주저하고만 있는가

    슬픔과 기쁨의 무게를 가늠하며
    슬그머니 겉옷을 갈아입는 산기슭,
    아직은 이른 가을
    너럭바위에 따사로운 가을볕이 눕고 있다
        (시, "입추" 전문)

  가을을 지나가는 시인의 마음이 성글게, 혹은 쓸쓸하게 드러난 시이다.
  마치 지금은 곁에 없는 그리운 사람처럼 계절이 단풍으로 갈아입고 시인을 찾아오는 모습으로 그려져 있다.

    ----중략----
    잠깐 당신이 잠든 틈 사이로

> 단풍으로 갈아입고 뒤꿈치 들어 사뿐히 온다
>
> 붉은 숲 속 길은
> 뾰쪽한 햇살에 꼬불꼬불 일어서는데
> 아스라한 추억을 안고 간 그대, 저 길로 다시 돌아오는데
> ----중략----
> 아직은 이른 가을
> 너럭바위에 따사로운 가을볕이 눕고 있다
> *(시, "입추" 부분)*

  이제 모두 비워야 하는 계절을 앞에 두고 단풍 든 잎새들이 떨어지면 숲을 이루던 숲길도 꼬불꼬불 시인 앞으로 일어서게 된다는 사실을 서경적으로 아름답게 그려내고 있다.

  "아직은 이른 가을 / 너럭바위에 따사로운 가을볕이 눕고 있다"는 표현 속에서 다른 계절로 이동하는 "입추"를 잘 형상화시키고 있다.

  이제 시인의 소박한 저녁 식탁이 감성적으로 잘 그려진 "저녁 식탁"을 읽어 본다.

> 식탁 위에 넘실대는 바다가 한 상이다
> 비린 아우성이 식탁에 차려지고
> 창으로 드는 햇살에 자취를 감추는 바다의 풍요
> 억센 생선가시들이 접시에 수북하다

대책 없는 생각의 줄기가 꺾이고
눈길 머무는 삽짝,
봄꽃은 세월을 비껴갔다

어둠살에 물든 감나무 이파리에
달빛을 찍어 맹서해 두었던 다짐들
허기진 가난이 욕망의 다짐들을 쉴 새 없이 두드렸다

삶이란 개념은 질서 정연한 것인가
과정의 색깔들은 과연 순수하기만 한 것일까
저녁, 저문 식탁 위로 아픔의 가시들을 내려놓는다
(시, "저녁 식탁" 전문)

저녁 식탁에 차려진 바다의 생선들이 즐비한 식탁의 모습이 풍성하게 그려져 있을 뿐만 아니라 그 생선들 틈으로 바다가 파도를 몰고 오고 험한 파도를 헤치고 잡아온 생선들의 퍼덕임이 실감 나게 그려져 있다.

뛰어난 표현 감각과 정서적 상상력이 매우 인상적인 시이다.

식탁 위에 넘실대는 바다가 한 상이다
비린 아우성이 식탁에 차려지고
창으로 드는 햇살에 자취를 감추는 바다의 풍요
억센 생선가시들이 접시에 수북하다
----중략----

눈길 머무는 삽짝,
봄꽃은 세월을 비껴갔다
----중략----
삶이란 개념은 질서 정연한 것인가
과정의 색깔들은 과연 순수하기만 한 것일까
저녁, 저문 식탁 위로 아픔의 가시들을 내려놓는다
(시, "저녁 식탁" 부분)

"억센 생선가시들이 접시에 수북하다"는 말은 그만큼 험난한 바다에서의 고기잡이를 거쳐서 우리의 식탁에 올려진 노고를 이야기하고자 함이다.

"대책 없는 생각의 줄기가 꺾이고 / 눈길 머무는 삽짝, / 봄꽃은 세월을 비껴갔다"는 이야기 역시 계절도 모르고 출항하여 돌아오곤 하는 삶의 곤고한 세월을 이야기하는 대목이다. 그래서 저녁 식탁은 단순한 식사를 하는 식탁이 아닌 삶의 여러 가지 어려움 속에서 형성되고 있다는 암시와 함께 그러한 아픔들이 식탁이라는 의미를 담아 "아픔의 가시들을 내려놓는다"는 철학적 담론을 전하고 있다.

이제 이 시집의 마지막 부분에서 읽게 되는 시--"붉은 여행길"을 살펴보기로 한다.

쉴 새 없이 지나가는 붉은 풍경,
생의 속살도 붉을 거라는 생각 속에 잠겨요

붉은 나뭇잎들이 하나 둘 지고 있네요
비움은 성숙을 위한 시작인가 봐요
구비구비 도는 산길을 오릅니다
붉은 풍경을 흔드는 붉은 바람이 불고
생각은 붉은 땀을 흘립니다
급경사 구불길, 붉은색 주의 표시판
'사고가 많은 구간입니다'
영과 육의 결합이 이탈하는 환상에 어지럽습니다
속도와 반비례하는 붉은 나무들의 흔들림
묵시의 경고를 보냅니다
마음속 세상은, 백악기
그 어느 쯤의 시간에 멈춰 섰는지도 모릅니다
되돌아갈 수 있다는 생각은
공룡의 발자국처럼 귀퉁이마다 닳았네요
평지에 들어서자 붉은 감동과 흥분을 휘날리며
점점 붉어지는 세상을 가로질러 가는 버스는 앞서 달려갑니다
여행길에 나는 빠르게 붉어집니다
　　　　(시, "붉은 여행길" 전문)

"붉은 여행길"이라는 시에서는 시인이 살아가는 삶에 대한 여러 가지 다양한 인식이 투영되어 있음을 알 수 있다.

구비구비 도는 산길을 오릅니다
붉은 풍경을 흔드는 붉은 바람이 불고
생각은 붉은 땀을 흘립니다
급경사 구불길, 붉은색 주의 표시판

> *'사고가 많은 구간입니다'*
> *영과 육의 결합이 이탈하는 환상에 어지럽습니다*
> *(시 붉은 여행길"의 부분)*

황혼의 나이에, 그것도 단풍의 계절에 떠나는 여행길에서 시인은 "붉은 풍경" "붉은 바람" "붉은 땅" "붉은색 표지판"이라는 상징적 사물을 동원하여 자신에게 던져주는 묵시적 경고를 읽어낸다. 나이가 들수록 노년의 삶이 '사고가 많은 구간'이 될 수도 있다는 인식은 노년이 된 사람들이 공통적으로 겪게 되는 위험을 자각하고 염려하는 면이라고 볼 수 있다.

"속도와 반비례하는 붉은 나무들의 흔들림" 역시 역설적인 삶의 현장이다. 그래서 시인은 자신에게 닥친 노년의 삶에 대한 '사랑의 상징'인 붉은 색깔을 통하여 다가오는 내면의 다짐을 그려낸다.

이제까지 이대전 시인이 집중하여 드러내고 있는 시적 정서와 그 아우르는 시적 상징, 그리고 은유의 흐름을 살펴보았다.

모두(冒頭)에서 언급한 바와 같이 파블로. 네루다 Pablo Neruda(1904-1973)가 말한 것처럼 사실 우리 삶은 수많은 메타포 metaphor(=은유)로 가득 차 있다.

이러한 메타포 metaphor(=은유)를 활용하여 시적 정서의 아름다움과 "삶을 뒤집어 보기"를 통해 우리는 시적 감동과 조우하며 그 감동을 함께 누리고 새로운 정서적 깨달음에 다가서게 된다.

흔히 나이가 들면 어떤 "나이"라는 낡은 틀에 갇혀 시가 고담준론(高談峻論)에 빠져 시적 상투성에 매몰되기 쉽다. 그러나 그러한 상투성에 빠지지 않도록 하려는 시의 의식에 마주치게 된다는 것은 매우 삽상한 일이다.

시인의 인식은 다만 한 군데에 머물고 있지 않다.

과거의 회상이나 추억의 멍울이 만져지는 어쩔 수 없는 나이의 기억 속에서 워즈워스 Wordsworth가 말한 "고요로움 속에서 회상되는 정서"가 드러나는 '그리움'이라는 정서나, 시적 정서적 발현에 의한 자아성찰과도 같은 새로운 깨달음이나, 혹은 짐짓 세상을 돌아보다 발견되는 삶의 모습을 들여다보다가 '우리는 정말 제대로 된 삶을 살고 있는 것일까' 하는 물음에 다가서기도 하며, 주어진 사물을 들여다보며 삶의 건강한 긴장과 마주하거나 신앙적 자세를 취하게도 하는 다양한 층위의 감동을 마주하게 된다.

어쩌면 그런 생각이나 자세가 "낯설게 하기"라는 시적 상징적 활동에 의해 새로움을 형상화시키려는 노력을 하고 있다는 점을 높이 평가할 수 있을 것이다.

넓은 세계관과 다양한 시선에 맞추어 보다 새로운 시적 발현을 함으로써 시적 상상력의 공간을 더 확장 하여가는 일은 시적 경험과 시인의 발전적 사고와 보폭을 맞추어 가야 하는 과제로 남는 경우가 있지만 시인이 살아가는 세상이나 활동의 범위가 축소되는 노년의 나이에는 피하기 어려운 면이 존재한다.

   그럼에도 불구하고 많은 습작을 통해 새로움과 마주하려는 시인의 노력은 그 경계를 뛰어넘는 사고력에 의해 많은 부분 개선되고 그 아름다움이 강화되고 있음은 앞으로도 더욱 발전하게 될 것이라는 믿음을 갖게 한다.

   나이 듦은 시를 쓰는 데에 다소 상투성이라는 장애를 주기는 하지만 이 시인은 그런 문제를 잘 극복하고 있다고 생각된다.

   끝으로 이제까지 추구해 온 시의 세계를 더욱 뛰어난 새로움으로 감동을 이끌어내기 위하여 이대전 시인이 대하는 시적 세계가 보다 새로움과 은유로 가득 찬 시로 채워지기를 바라면서 시의 평설을 마무리한다.

이대전 제4시집

여백 위의 흘림체

인쇄	2024년 7월 26일
초판1쇄발행	2024년 8월 5일
지은이	이대전
펴낸이	전형철
편집	갭
웹디자인	김태완
펴낸곳	갭 - 월간모던포엠출판부
후원	월간모던포엠
주소	서울시 중구 수표로4길 27, 상강빌딩 2층
전화	02-2265-8536
팩스	02-2265-0136
손전화	010-9184-5223
이메일	mopo64@hanmail.net
정가	15,000원

∗ 작가와의 협의하에 인지는 생략합니다
∗ 파손 및 잘못된 책은 교환해 드립니다
∗ 이 책의 저작권은 저자와 갭 모던포엠사에 있습니다